FSC
www.fsc.org
MIX
Paper from responsible sources
FSC® C084698

Brunnenstraße 7, D-34286 Spangenberg
Tel.: 05663-280, Fax: 05663-6562
E-Mail: fischer-nagel@t-online.de, URL: www.fischer-nagel.de

Fotos und Layout: Andreas Fischer-Nagel
Gesetzt in der Helvetica 16 Punkt
Druck: Printing Partners OU, Riga, Latvia

ISBN: 978-3-930038-05-3

Heiderose und Andreas Fischer-Nagel

Ein Kätzchen kommt zur Welt

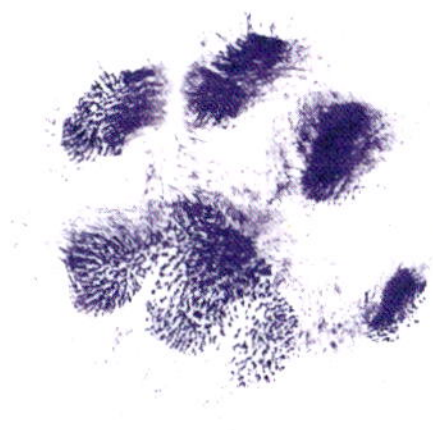

Verlag Heiderose Fischer-Nagel

Katzen gibt es fast überall. Wo wir auch hinkommen, sehen wir sie durch Straßen und Wiesen schleichen, über Dächer klettern, durch Gartenzäune blinzeln oder gemütlich auf einem Fensterbrett in der Sonne dösen. Und wie verschieden Katzen aussehen können! Da gibt es schwarze, weiße, braune, getigerte, gefleckte oder mehrfarbige Katzen, die einen mit puscheligem, die anderen mit glattem Fell. Neben den Hauskatzen, deren Fell so verschieden gezeichnet sein kann, gibt es aber auch ganz besondere Rassekatzen, die so gezüchtet werden, dass ihre Farbe und ihr Fell immer gleich sind.
Im Wesen ähneln sich jedoch alle Katzen. Sehr eigenwillig sind sie und sie tun nur das, was ihnen gerade Spaß macht. Zu nichts lassen sie sich zwingen. Wenn du eine Katze hast, weißt du, dass du sie zum Beispiel nicht einfach streicheln kannst, wenn du Lust dazu hast.
Du musst warten, bis sie von selbst kommt und gestreichelt werden will.
Was eine Katze empfindet, sieht man ihr deutlich an. Ist sie zufrieden und schnurrt behaglich vor sich hin, ist alles in Ordnung. Peitscht sie aber wild mit dem Schwanz oder macht gar einen Buckel, muss man sich vor ihren Pfoten in Acht nehmen:
Mit ihren Krallen kann sie nämlich ordentlich zupacken und kratzen. Manchmal passiert das aber auch nur aus Versehen beim Spielen, wenn die Katze vor lauter Spieleifer etwas unsanft nach der Hand ihres Menschen schlägt.
Bis eine Katze zu einer richtigen kleinen »Persönlichkeit« wird, dauert es ein paar Monate. Wir wollen dir zeigen, wie ein Kätzchen zur Welt kommt und mit seinen Geschwistern heranwächst.

Unsere Sissi ist eine ganz gewöhnliche Hauskatze mit einem dreifarbigen Fell. Für uns ist sie die schönste Katze der Welt! Als sie ein Jahr alt war, brachte sie zum ersten Mal Junge zur Welt. Und nun war es

wieder so weit: Sissi war »rollig« und würde mit einem Kater für neuen Nachwuchs sorgen. Sie wollte jetzt ständig hinaus in den Garten, wo die Kater aus der Nachbarschaft warteten. Sissi entschied sich für Rasputin, einen hübschen Halbangorakater, mit dem sie nun durch die Gärten zog.

Wenn Katzen sich sehr wohl fühlen, wälzen sie sich gern behaglich am Boden. »Rollige« Katzen dagegen rollen und winden sich aufgeregt und heftig. Dabei miauen und schreien sie laut. Zweimal im Jahr werden sie rollig, zweimal im Jahr können sie also Junge bekommen.

Eines Tages war Rasputin wieder verschwunden. Die Katzenhochzeit hatte nachts stattgefunden und Sissi wurde ruhiger. Sie war »trächtig«.

Sie würde also Junge bekommen. Acht bis neun Wochen dauert die »Tragezeit«, die Zeit bis zur Geburt. Äußerlich sieht man der Katze zunächst nichts an, denn sie spielt und jagt herum wie immer. In den letzten vier Wochen vor der Geburt wird der Bauch dann dicker. Er hängt nun etwas tiefer herunter oder wird zu den Seiten hin runder. Kaum zu glauben, dass bis zu acht Kätzchen darin Platz finden!

Nach ungefähr acht Wochen rannte Sissi eines Tages aufgeregt durchs Haus und schaute in jede Ecke. Sie suchte ein Plätzchen um ihre Jungen zur Welt zu bringen. Von Natur aus bevorzugen Katzen für die Geburt,

Der dicke Bauch zuckte ein bisschen. Jetzt wussten wir, dass Sissi Wehen hatte und die Geburt kurz bevorstand. Eine helle, klare Flüssigkeit sickerte jetzt aus Sissis Scheide: das »Fruchtwasser«.

das »Werfen«, einen versteckten, geschützten und dunklen Ort.
So wunderten wir uns auch nicht, als Sissi sogar in einen Schrank klettern wollte. Eilig holten wir ein paar Kissen herbei und legten sie in eine Ecke.
Da Sissi großes Vertrauen zu uns hat, blieb sie auch ruhig auf dem Kissen liegen. Sie hatte also das von uns vorbereitete »Wurfnest« angenommen.

In diesem Wasser schwimmen die Jungen in der »Fruchtblase« im Bauch der Mutter und sind so gegen Stöße geschützt. Durch eine weitere Wehe wurde das erste Katzenbaby herausgepresst. Ganz nass war es und winzig klein!
Sissi schleckte ihr Neugeborenes sorgfältig sauber und trocken.

Noch immer war das Kätzchen durch die Nabelschnur mit der Mutter verbunden. Jetzt biss Sissi die Nabelschnur mit den Zähnen durch. Wenn das Kätzchen geboren ist, braucht es diese Schnur, über die es vorher im Bauch der Mutter ernährt worden ist, nicht mehr.
Sehen konnte es noch nicht, denn Katzen kommen blind zur Welt und öffnen ihre Augen erst nach etwa zehn Tagen.

Noch etwas zittrig tastete das Kleine nach dem Bauch seiner Mutter. Es suchte die Zitzen, die jetzt dick angeschwollen waren, weil sie die Milch für die Kätzchen bereithielten. Bald hatte das Kleine diese »Milchquelle« gefunden und saugte sich fest. Wenn Katzenkinder acht Wochen alt sind und schon Futter und Wasser von uns bekommen, bilden sich die Zitzen zurück. Die Jungen brauchen dann keine Muttermilch mehr.

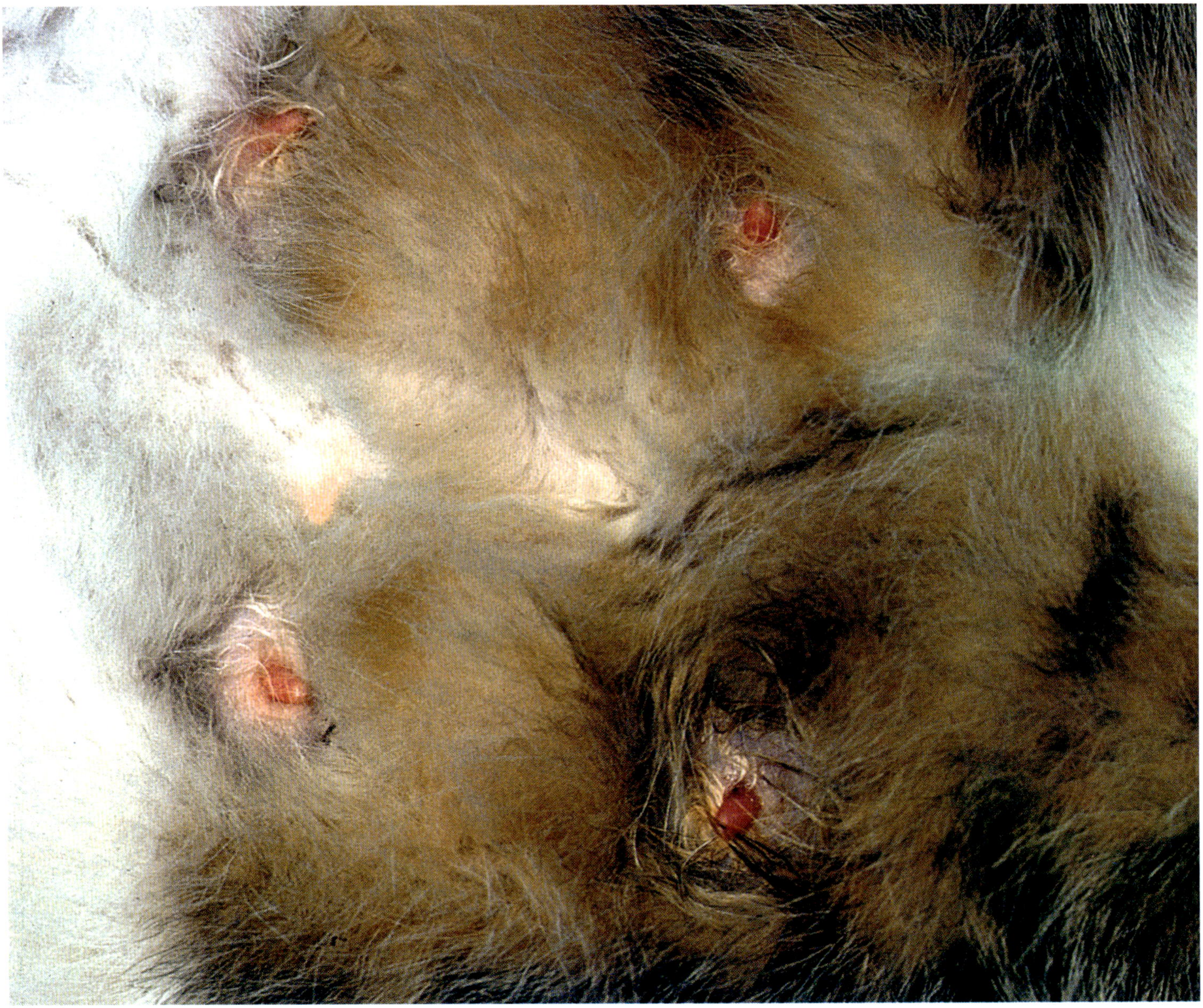

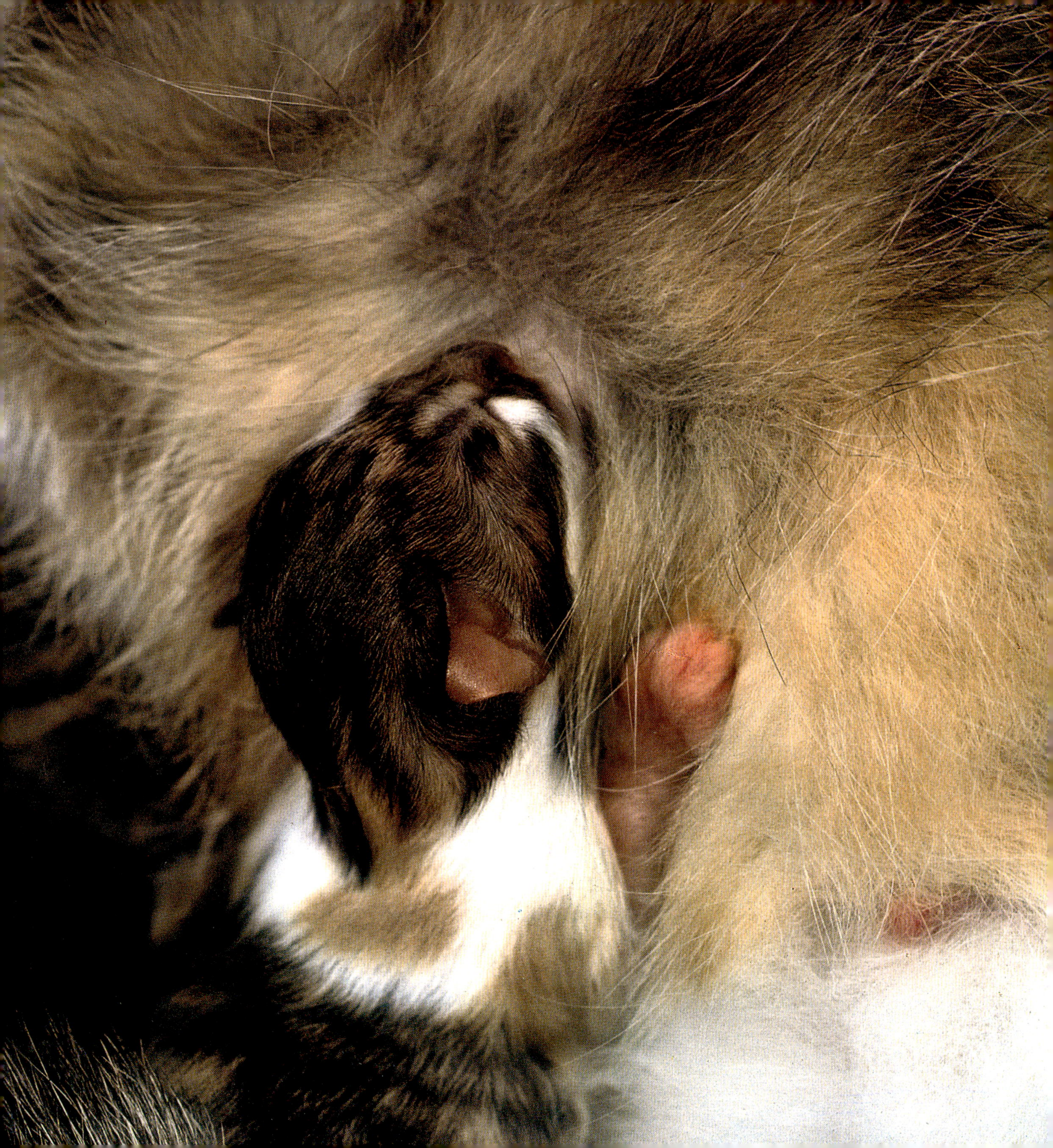

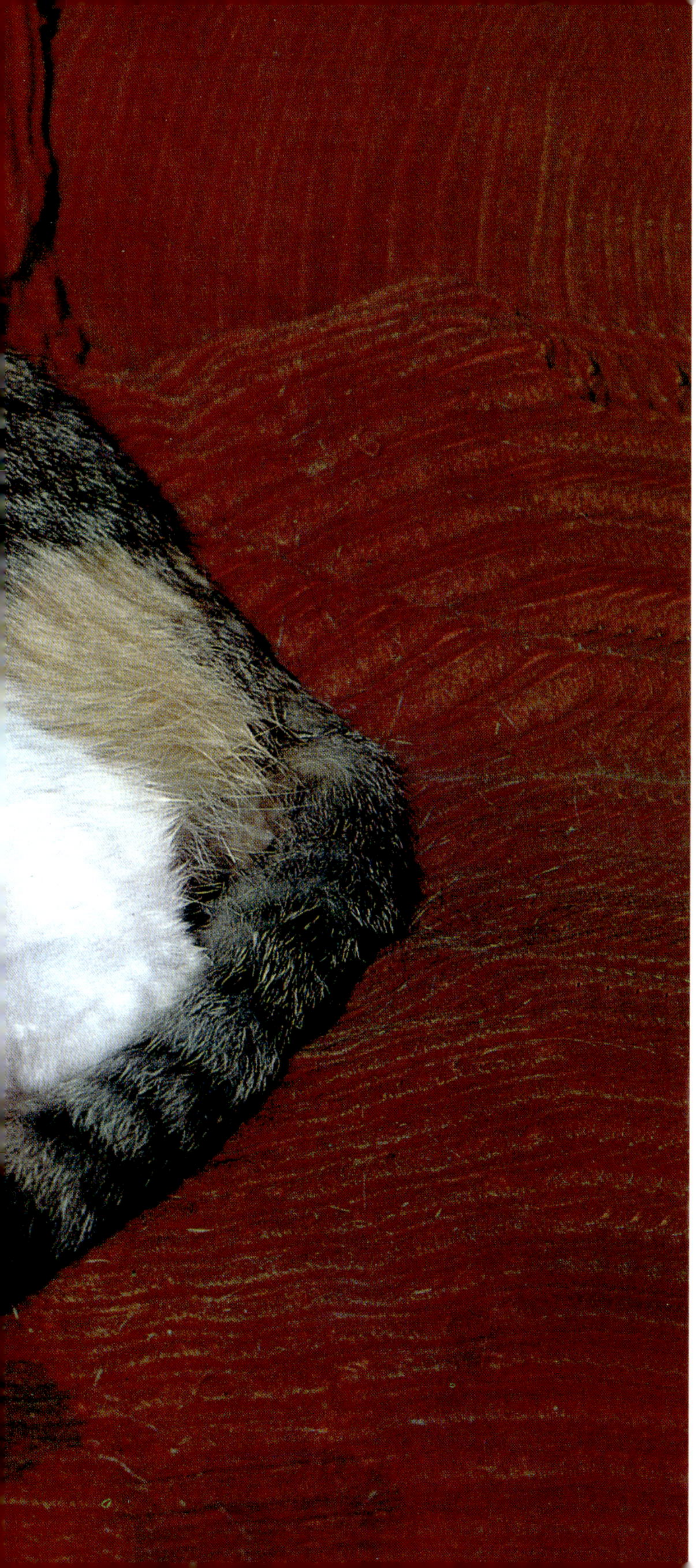

Drei bis fünf, manchmal bis zu acht Junge kann eine Katze bekommen. Sind es nur drei, sind sie bei der Geburt größer. Sie hatten ja mehr Platz im Bauch! Neugierig erwarteten wir die Geburt des nächsten

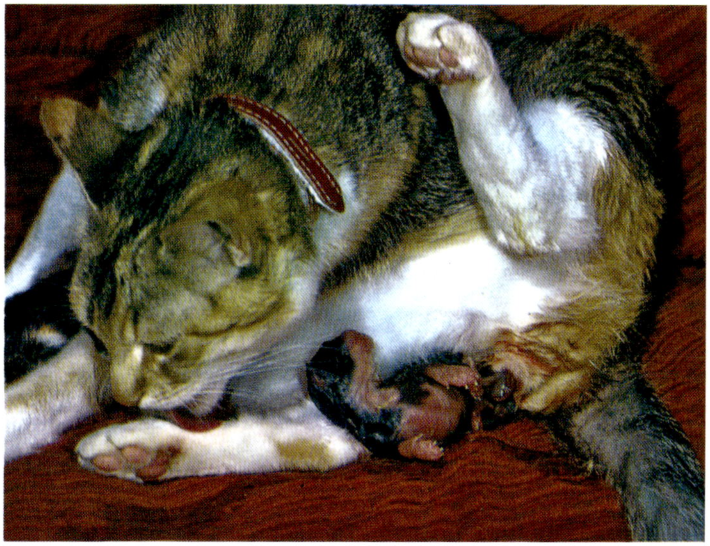

Kätzchens. Sissi legte sich jetzt wieder auf die Seite. Da kam es auch schon, das zweite Kätzchen! Viel schneller noch als sein Geschwisterchen rutschte es aus der Scheide heraus. Wie das erste wurde es trockengeleckt und ließ nun ein graugetigertes Fell erkennen. Gleich hinterher kam noch ein drittes Kätzchen, das ein bisschen heller war als die beiden anderen.

Nachdem Sissi auch beim Jüngsten die Nabelschnur durchgebissen und es getrocknet hatte, leckte sie sich selbst völlig sauber und trocken. Hätten nicht die Kätzchen auf dem Kissen gelegen, so hätte man glauben können, alles sei nur ein Traum gewesen. Nichts war mehr von der Geburt zu sehen. Sauber lagen vier wunderschöne Katzen auf dem Kissen:

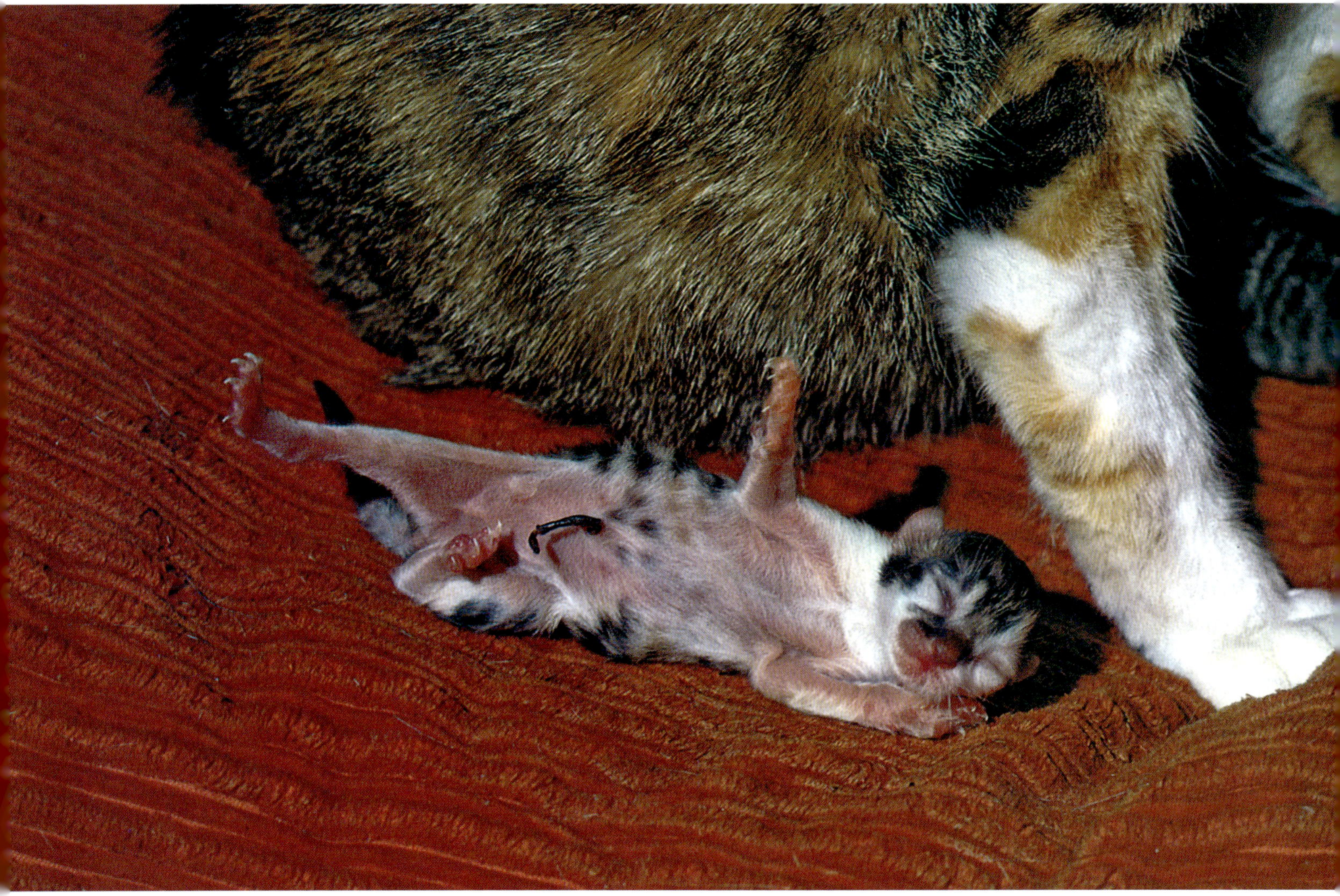

Unsere zufriedene Sissi und ihre drei genüsslich saugenden Kinder. Sie lagen so dicht aneinander gedrängt, dass wir sie kaum voneinander unterscheiden konnten.

Wie winzig und leicht sie waren, diese neugeborenen Kätzchen! 70 Gramm wog eines, gerade so viel wie ein großes Hühnerei.

Leise gingen wir nun mehrmals am Tag zum Kissen um nach den Kätzchen zu sehen. Einmal waren wir wohl zu laut: Vor Schreck begann Sissi gleich ihre Kinder davonzutragen. Katzenmütter tun das immer, wenn sie die Jungen in Gefahr glauben. Vorsichtig packen sie die Kleinen im Genick. Ganz starr hängen sie während des Transports in Mutters Maul. Man nennt dies daher auch »Tragstarre«.

In den ersten drei Tagen krochen die Kätzchen nur piepsend hin und her. Endlich, nach etwa zehn Tagen, öffneten sich ihre Augen, die wie bei allen Katzen blau waren. Erst mit ein paar Monaten bekommen sie ihre

richtige Augenfarbe. Nun wurden die Kleinen natürlich munter. Sie purzelten vom Kissen herunter und zogen mit ihren nadelspitzen, scharfen Krallen die Fäden aus dem Kissenbezug. Junge Katzen können ihre Krallen nämlich noch nicht einziehen wie die erwachsenen Katzen. Bald standen sie auch sicherer auf ihren winzigen

Pfötchen und tapsten durch das ganze Zimmer.
Eine lustige Zeit begann. Sissi spielte nun oft mit ihren Kindern. Die Kätzchen lernten das Anschleichen, Fangen und Beißen. Alles, was sich

bewegte, musste untersucht werden! Zwischendurch nahm sich Sissi viel Zeit, ihre Kinder zu putzen. Von oben bis unten schleckte sie sie mit der Zunge ab und nahm dabei auch den Kot und den Urin ihrer Jungen mit auf. So blieb die Kinderstube immer ganz sauber.

Hier siehst du, wie die drei Kätzchen miteinander raufen. Dabei betrampeln sie sich manchmal mit den Hinterbeinen und beißen sich gegenseitig ein bisschen. Aber keine Angst, es ist nur ein Spiel!

Sonne die sonst runden Katzenpupillen zu Schlitzen verengt (kleines Bild unten links), sehen sie schon ein wenig gefährlich aus. Bei all diesen Übungen ist die Katzenmutter die Lehrmeisterin.

Plötzlich rennen sie ganz schnell davon, bleiben unvermutet stehen und legen sich flach auf den Bauch. Jetzt spielen die Kätzchen das »Belauern«: Sie üben, eine fremde Katze, einen Vogel oder eine Maus zu belauern und dann zu überfallen. Ganz starr sind ihre Augen auf den »Feind« gerichtet. Und wenn die

Unsere kleine Katze fauchte sogar, als wir sie fotografierten. Sie hatte Angst und wollte uns mit dieser Drohhaltung verscheuchen.
Weil die Kätzchen inzwischen schon sehr gewachsen waren, konnten wir sie jetzt zum ersten Mal zum Spielen und Forschen in den Garten hinauslassen.

Da saßen sie nun, unsere Sissi und ihre drei Kätzchen. Sie blinzelten in die Sonne und beschnupperten aufgeregt das Gras und die Gänseblümchen. Natürlich waren sie auch noch etwas ängstlich.

Überall bewegte sich etwas: Der Wind ließ die Blätter rascheln und die Blumen hin- und herschwanken. Deshalb blieben sie lieber noch ein Weilchen in Mutters Nähe, ehe sie dann mutig durch das hohe Gras tollten.

Waren die Kleinen wieder müde oder hungrig, liefen sie schnell zu Sissi zurück und machten es sich dann irgendwo im Schatten gemütlich.

Sechs Wochen alt waren sie nun schon, und so stellten wir ihnen zum ersten Mal ein Schälchen mit verdünnter Milch hin. Zuerst beschnupperten sie den Milchnapf misstrauisch. Aber kaum hatten sie länger daran gerochen und sogar ihre Pfötchen hineingetappt, begannen sie gierig, die Milch zu schlecken. Genauso war es dann mit dem richtigen Futter, das wir ihnen einige Tage später auf einem großen Teller mitten in die Wiese stellten. Auch dieses ungewohnte Futter mussten sie erst mit den Pfoten untersuchen, ehe sie vor Heißhunger fast in den Teller fielen. Man konnte richtig sehen, wie es ihnen schmeckte.

Sissi ging nun oft allein spazieren. Ihre Kätzchen konnten jetzt schon ohne sie durch den Garten toben und auf Entdeckungsreise gehen. Jeder Strauch und jede Blume wurde untersucht, und eines Tages saß dann das erste wie ein kleiner Affe auf einem Baum. Nur mit dem Herunterklettern klappte es noch nicht so gut! In der Eile rutschte das Kätzchen ab und hing ganz verdutzt an einem Ast.

Hin und wieder konnten wir beobachten, wie sorgfältig Katzen ihr »Geschäft« verrichten.
Zuerst scharrt die Katze ein wenig Erde zur Seite (Bild links oben), bis sich eine kleine Kuhle bildet.
Dann setzt sie sich über diese Kuhle und ist in der typischen Haltung zu sehen (Bild Mitte): Die Katze setzt die Hinterbeine ganz breit auseinander und hebt den Schwanz etwas hoch, damit er nicht beschmutzt wird.
Ist sie fertig, scharrt sie alles wieder zu um ihre Spuren zu verwischen (Bild links unten).
Katzen, die nicht in den Garten hinaus können und für ihr »Geschäft« ein Katzenklo mit Streu benutzen, machen das genauso.

Spielen war für die Jungen jetzt aber das Wichtigste. Voller Wonne spielten sie mit einem Wollknäuel, in dem sie sich oft verhedderten. Es machte ihnen mindestens genauso viel Spaß, wie unsere große, gelbe Gießkanne als Höhle zu bewohnen.

Nur mit Mühe konnten wir uns jetzt noch vorstellen, dass unsere drei Katzen einmal so winzig gewesen waren. Sie konnten sogar schon einen Furcht erregenden Buckel machen wie das »Tigerchen« auf dem Bild links. Mit dem Buckel macht es sich für einen Feind größer. Bald kann es sogar selbst seine erste Maus fangen. Das klappt nur, wenn das Kätzchen still und bewegungslos vor dem Mauseloch lauert. Dann erkennt die Maus die Gefahr nicht und kommt aus ihrem Loch. Ein Sprung, ein Biss – und unser Kätzchen hat seine erste Maus gefangen. Das war wirklich eine beachtliche Leistung. Wir mussten das Kätzchen dafür loben, auch wenn uns die Maus Leid tat. Katzen sind nun einmal Raubtiere und das Jagen ist ihnen angeboren. Vielleicht ist es dir ein Trost zu wissen, dass auch die wildeste und geschickteste Katze fast nur schwache und kranke Tiere fängt, solche, die in der Natur ohnehin nicht überleben könnten.

Neun Wochen alt waren die Kätzchen nun und noch immer saugten sie bei ihrer Mutter. Sissi blieb jetzt aufrecht dabei sitzen, denn ihre großen Kinder hatten nebeneinander am Bauch keinen Platz mehr. Da es inzwischen Sommer war, blieben sie nun auch über Nacht draußen. In der Nähe des Hauses hatten sie ein gemütliches Lager.

Manchmal stellten wir ihnen für die Nacht noch eine Extraschale mit Futter hin. Eines Abends glaubten wir unseren Augen nicht zu trauen: Zwischen all den Katzen saß ein Igel und fraß friedlich mit ihnen aus dem Napf. Die Katzen mussten ihn offenbar schon gut kennen, denn sonst hätten sie den stachligen Gesellen sicher längst verjagt.

Nach dem Fressen putzen sich die Katzen gründlich. So sauber und gewissenhaft putzt sich kaum ein anderes Tier. Eine richtige »Katzenwäsche« ist also genau das Gegenteil von dem, was man bei Kindern

fälschlicherweise manchmal auch so nennt!

Nach dem Putzen ist es Zeit zu ruhen oder ganz fest zu schlafen. Dann kannst du beobachten, wie die Katzen im Traum manchmal wild mit den Pfoten fuchteln.

Leider ist die schöne Kinderzeit einmal zu Ende. Die Jungen waren jetzt groß genug und brauchten ihre Mutter nicht mehr. Auch Sissi wollte wieder allein sein. Wir verschenkten die Kätzchen deshalb an Freunde, wo sie ein schönes, neues Zuhause fanden.

Unsere weiteren Fotosachbücher: brillant, informativ,

978-3-930038-11-4

978-3-930038-13-8

978-3-930038-24-4

978-3-930038-17-6

978-3-930038-27-5

978-3-930038-15-2

978-3-930038-04-6

978-3-930038-14-5

978-3-930038-07-7

978-3-930038-23-7

978-3-930038-25-1

978-3-930038-10-7

»Ein Igelwinter«
– ein spannendes, erzählendes, lehrreiches Taschenbuch über das Leben der Igel.
128 Seiten mit vielen sw-Zeichnungen.

978-3-930038-02-2

In Ihrer Buchhandlung oder Verlag Heiderose Fischer-Nagel, Brunnenstraße 7, D-34286 Spangenberg-